AF371236

ESTELLE,

OU

LE PÈRE ET LA FILLE,

COMÉDIE-VAUDEVILLE EN UN ACTE.

PAR

M. SCRIBE;

Représentée pour la première fois, à Paris, sur le théâtre du Gymnase Dramatique, le 7 novembre 1834.

DISTRIBUTION DE LA PIÈCE.

M. DE SOLIGNI, ancien militaire et ancien négociant..	M. Saint-Aubin.
RAYMOND DE BUSSIÈRES, marin..............	M. Rhozevil.
FUMICHON, notaire à Pau.....................	M. Ferville.
ESTELLE, fille de M. de Soligni..................	Mme Léontine-Volnys.
RENAUD, domestique de M. de Soligni.......	M. Bordier.

La scène se passe dans le château de M. de Soligni, situé dans le département des Basses-Pyrénées.

Le théâtre représente un salon attenant à une première pièce, dont la croisée ouverte laisse voir les murs extérieurs et les tourelles du château ; porte au fond ; deux portes latérales. A droite du spectateur, une table et ce qu'il faut pour écrire. A gauche, sur le premier plan, un secrétaire ou une caisse faisant partie de la boiserie. Un peu sur le devant du théâtre et du même côté, un canapé.

SCÈNE I.

RAYMOND ; RENAUD, entrant par le fond*.

RAYMOND.

Comment je ne pourrai pas le voir ?...

RENAUD.

Non, monsieur...

RAYMOND.

Dites-lui que c'est un jeune officier de marine qui demande à lui être présenté.

RENAUD.

Impossible, monsieur... mon maître ne reçoit personne.

RAYMOND.

Alors, et quoique j'aie peu de temps à moi, je reviendrai plus tard...

RENAUD.

Plus tard ce sera de même ; ni les étrangers, ni les gens du pays n'entrent au château ; notre maître n'aime pas la compagnie... Il veut toujours être seul ici avec sa fille.

*Les acteurs sont placés en tête de chaque scène comme ils doivent l'être au théâtre ; le premier inscrit tient toujours la gauche du spectateur, et ainsi de suite. Les changements de position, dans le courant des scènes, sont indiqués par des notes au bas des pages.

RAYMOND.

C'est bien singulier !

RENAUD.

C'est tout au plus s'il aime à me rencontrer dans le parc, moi son valet de chambre, moi qui suis de la maison, et qui ne lui dis jamais rien ; et je ne sais même pas comment vous avez pu pénétrer jusqu'ici...

RAYMOND.

Le pont-levis était baissé... je suis entré, et tu es la première personne que je rencontre...

RENAUD.

Si monsieur s'en aperçoit, le vieux concierge sera renvoyé.

RAYMOND.

Qui vient là ?... Est-ce ton maître ?

RENAUD.

Non vraiment !... Encore un étranger... Il y a foule aujourd'hui, et depuis deux ans je n'en ai jamais tant vu à-la-fois.

SCÈNE II.

RAYMOND, FUMICHON, RENAUD.

FUMICHON.

Enfin voilà quelqu'un à qui on peut parler.

(A Raymond.) Enchanté de trouver un jeune homme... un militaire... ça me rassure... car l'extérieur de ce vieux château, au pied des Pyrénées, avec ses fossés, ses créneaux, ses ponts-levis... et pas un être vivant...

RENAUD.

Vous n'avez donc pas vu Michel le concierge?

FUMICHON.

Solitude complète... Et moi qui ne suis pas un brave... je me disais... (On entend un coup de fusil.) Qu'est-ce c'est que ça?... Est-ce qu'il y a ici du danger?

RAYMOND.

Ne craignez rien, monsieur.

RENAUD.

C'est le vieux Michel qui aura aperçu un isard... Il ne peut pas y résister... C'est pour le poursuivre dans la forêt qu'il aura quitté un instant la porte du château...

FUMICHON.

Air : Tenez, moi je suis un bon homme.

Ah ! j'admire fort son audace ;
Mais s'il aime tant le gibier,
Que ne le fait-on garde-chasse
Au lieu de le nommer portier !
Je crains, cumulant les deux places,
Qu'il n'aille, par quelques erreurs,
Tirer le cordon aux bécasses,
Et son fusil aux visiteurs.

(A Raymond.) Voudriez - vous, mon jeune ami, me conduire près du seigneur châtelain?...

RAYMOND.

Vous vous adressez mal, monsieur ; car j'ai moi-même à lui parler de l'affaire la plus importante, et je ne sais comment parvenir jusqu'à lui... il est invisible, il ne reçoit personne...

FUMICHON.

N'est-ce que cela?... Je vous ferai avoir audience, je vous en réponds. (A Renaud.) Annonce-moi ! à lui ou à mademoiselle Estelle sa fille.

RENAUD.

Défense absolue !... Il a refusé de recevoir le général, le préfet lui-même ; or, comme vous n'êtes ni préfet... ni général...

FUMICHON.

Je suis mieux que cela, mon garçon ; et, si tu ne veux pas, à ma recommandation, être chassé dès ce soir... tu vas lui porter sur-le-champ cette carte. A ce nom seul, qu'il attend avec impatience, grilles, verrous, tourelles et poternes vont s'ouvrir comme par enchantement.

RENAUD, effrayé.

Eh ! mon Dieu !... et ce nom si redoutable?...

FUMICHON, lui lisant sa carte.

Fumichon, notaire.

RENAUD.

Quoi ! monsieur...

FUMICHON, d'un air important.

Notaire royal !... Songe à ce que je t'ai dit, et va vite.

RENAUD , avec respect.

Oui, monsieur ; ne vous impatientez pas, car, s'il est au bout du parc, il faudra le temps. (Il sort par le fond. En sortant il ferme la croisée de la première pièce.)

SCÈNE III.
RAYMOND , FUMICHON.

RAYMOND.

Ah ! monsieur est notaire !

FUMICHON.

A une douzaine de lieues d'ici, dans la ville de Pau... vous la connaissez?

RAYMOND.

Non, monsieur.

FUMICHON.

Tant pis pour vous !... une vue magnifique, la vue des Pyrénées, l'aspect du Gave, et, mieux encore, des coteaux de Jurançon... un vin excellent que je serais charmé de vous offrir, si vous me faisiez l'honneur de vous arrêter chez moi. Et si, d'ici là, comme je vous l'ai dit, je puis vous être utile à quelque chose...

RAYMOND.

Vous êtes trop bon, et un pareil accueil fait à un étranger...

FUMICHON.

Vous ne l'êtes pas. Vous avez là une épaulette... Et vous devez avoir une vingtaine d'années?

RAYMOND.

A-peu-près.

FUMICHON.

N'importe... J'ai un fils de dix - huit ans, officier comme vous... pas dans la marine, dans les dragons... C'est égal.

Air de Lantara.

Quand un militaire, un jeune homme
Paraît à mes yeux attendris,
Sans m'informer comme il se nomme,
Je l'aide autant que je le puis ;
D'avance il est de mes amis !...

RAYMOND.

Eh quoi ! monsieur, sans le connaître?...

FUMICHON.

S'il a besoin d'un appui... me voilà !
Je le soutiens, en me disant : Peut-être
Un autre à mon fils le rendra !

RAYMOND, lui serrant la main.

Ah ! monsieur.

FUMICHON.

Et puis, j'ai toujours eu un faible pour la jeunesse... Demandez à Hector, c'est mon enfant, Hector Fumichon... un gaillard qui fait de moi tout ce qu'il veut. Ma femme, qui est dévote, l'élevait avec une sévérité, un rigorisme qui me semblaient peu convenables ; aussi, et sans la contrarier, parceque je suis bon mari, je gâtais mon fils Hector le plus que je pouvais, afin de rétablir l'équilibre... Ça allait bien, ou plutôt cela allait mal, jusqu'au moment où il a fallu qu'il prit un état ; et alors il n'y a plus eu moyen d'y tenir. Ma femme voulait qu'il entrât au séminaire, et moi dans le notariat. Madame Fumichon a résisté, j'ai tenu bon, et, pendant que nous nous disputions pour savoir s'il serait notaire ou curé, l'enfant s'est fait dragon.

RAYMOND.

Sans votre consentement ?

FUMICHON.

Il nous l'a demandé après. Il est militaire dans l'ame... il boit, il fume, il se bat... Du reste, un excellent cœur, qui m'aime bien et qu'il est impossible de ne pas aimer. En passant ce matin à Bagnères, où son régiment est en garnison, j'ai voulu l'embrasser ; il était aux arrêts, parceque hier, au spectacle, il avait eu une querelle.

RAYMOND.

Eh ! pour qui ?

FUMICHON.

Pour moi. Il y avait dans la pièce un notaire ridicule, comme ils en mettent dans toutes leurs comédies, et, par piété filiale, Hector n'a pas voulu laisser finir l'ouvrage ; de là du bruit, du tapage, un défi, *et cætera*.

Air : Qu'il est flatteur d'épouser celle.

C'est un bon enfant ! c'est un diable !
Par intérêt pour ses parents,
Le sabre au poing, il est capable
D'amener chez moi des clients !...
Et nous n'avons pas l'habitude,
Dans l'état que nous exerçons,
De faire marcher une étude
Avec un piquet de dragons !

Malheureusement je n'ai pas pu le gronder à mon aise... on m'attendait ici, j'avais reçu hier la lettre la plus pressante de mon ami Soligni, que depuis deux ans je n'ai pas vu.

RAYMOND.

C'est votre ami ?

FUMICHON.

Ami intime ; je l'ai connu si jeune ! militaire sous l'empire, officier supérieur à vingt-cinq ans, puis, lors de la Restauration, lancé dans les spéculations commerciales, il m'a toujours confié toutes ses affaires, il n'a jamais rien fait sans me consulter.

RAYMOND.

Quel bonheur ! j'ai grand besoin de protection auprès de lui.

FUMICHON.

Eh bien ! jeune homme, comme je vous l'ai dit, me voilà... On vient.

RAYMOND, avec effroi.

Ah ! mon Dieu !

FUMICHON.

Est-ce que vous avez peur ? vous, un marin ! (Lui prenant la main et regardant du côté de la porte à gauche de l'acteur.) Rassurez-vous, c'est sa fille... Eh bien ! je crois que vous tremblez encore plus fort ?

SCÈNE IV.

RAYMOND, FUMICHON, ESTELLE.

ESTELLE, entrant par la porte à gauche de l'acteur.

Serait-il vrai !...du monde en ce château...(A Fumichon.) Vous, monsieur ! (S'avançant et apercevant Raymond.) Ah ! mon Dieu ! monsieur Raymond !

FUMICHON.

Vous vous connaissez donc ?

RAYMOND, troublé.

Mais... oui, monsieur.

FUMICHON.

Et moi qui voulais vous présenter !... (Souriant.) Je vais vous prier de me rendre ce service.

ESTELLE.

Comme si vous en aviez besoin, vous, l'ami de mon père et sur-tout le mien !... car vous étiez toujours de mon avis.

FUMICHON.

C'est mon usage ; je suis toujours du parti de la jeunesse, et fais cause commune avec elle... Nous n'avons, nous autres vieillards, que ce moyen-là de nous rajeunir... Mais permettez, mon nouvel allié, permettez, vous qui m'interrogiez tout-à-l'heure, me direz-vous, à votre tour, comment vous vous trouvez ici en pays de connaissance ?

ESTELLE, montrant Raymond.

Nous sommes de vieux amis.

FUMICHON.

Vraiment !

RAYMOND.

Des amis d'enfance... Pendant les cinq années qu'a duré le dernier voyage de M. de Soligni...

ESTELLE.

Ma mère m'avait amenée à Paris pour mon éducation, car j'avais alors douze ans...

RAYMOND.

Mon père, ancien camarade de régiment de M. de Soligni, m'avait présenté à ces dames ; je les voyais presque tous les jours.

ESTELLE.

C'était notre chevalier... à moi sur-tout ; il ne me quittait pas.

RAYMOND.

D'abord ; mais bientôt, et en cinq années, d'enfant qu'elle était, mademoiselle Estelle...

FUMICHON.

Est devenue une grande personne... ce qui n'était pas fait pour vous éloigner, ni pour vous effrayer.

RAYMOND.

Si, monsieur.

FUMICHON.

Eh ! comment cela ?

RAYMOND.

C'était une riche héritière... et moi je n'avais rien, je n'avais pas de fortune à espérer de mes parents... Alors, et sans confier mes projets à personne, je suis parti à bord d'un vaisseau, en me disant : Je reviendrai amiral... ou je me ferai tuer...

ESTELLE.

O ciel !...

RAYMOND.

Je ne suis pas encore amiral... il s'en faut... car je ne suis que lieutenant... c'est tout ce que j'ai pu gagner à Navarin... et je m'embarque demain pour un voyage de long cours.

ESTELLE.

Est-il possible !...

RAYMOND.

Mais auparavant... et c'est pour cela que je suis venu... j'ai pensé que ces épaulettes me donnaient peut-être le droit de dire à votre père : « Monsieur, accordez-moi deux ans... « trois ans, et pendant ce temps-là je me con- « duirai si bien... que, si je ne suis pas mort... « je pourrai aussi me mettre sur les rangs, et « solliciter la main de votre fille... »

ESTELLE.

Raymond !

RAYMOND.

Oui, mademoiselle... c'est là tout ce que je vous demande, attendez-moi jusque-là.

ESTELLE.

Ah ! toujours.

FUMICHON, souriant.

Air du vaudeville de Voltaire chez Ninon.

Qu'ai-je entendu ?

ESTELLE.

La vérité !
Oui, j'estime son caractère,
Sa franchise, sa loyauté...
Je le dirais devant mon père !
Devant vous aussi je le dis.
Est-ce un mal ?

FUMICHON.

Non vraiment, ma chère !...
De pareils aveux sont permis,
Lorsque c'est par-devant notaire.

Mais s'il en est ainsi, mes chers enfants... je ne vois pas pourquoi mon jeune ami tiendrait toujours à être amiral... il me semble que, pour arriver, c'est prendre le plus long... car, si je connais bien votre ascendant sur le cœur paternel, vous n'avez qu'un mot à dire ?

ESTELLE.

Oui, autrefois ; mais depuis deux ans il y a bien du changement.

FUMICHON.

Comment, qu'est-ce que cela signifie ?

ESTELLE, passant au milieu *, et après un moment de silence.

Mon père, que vous avez vu si gai, si aimable, si heureux, est devenu tout-à-coup sombre et misanthrope.

FUMICHON.

C'est donc pour cela qu'il ne m'écrivait plus, que je n'ai plus reçu de ses nouvelles !

ESTELLE.

Il ne veut voir personne.

RAYMOND.

Et d'où vient ce profond chagrin ? sans doute de la mort de sa femme ?

FUMICHON.

D'abord il y a plus de trois ans qu'il l'a perdue. Elle n'existait plus quand il est revenu de son dernier voyage... et il a supporté cela avec courage, avec philosophie... la philosophie du veuvage !

RAYMOND.

Aurait-il éprouvé quelques revers de fortune ?

FUMICHON.

Impossible ! il est revenu avec des capitaux immenses qu'il a réalisés ! J'en sais quelque chose ! moi, son notaire, qui lui ai acheté dans ce département deux ou trois mille hectares de terres, prairies, forêts, et cætera.... ce qui a consolidé sa fortune et bonifié mon étude. Ce n'est donc pas cela ; il y a donc autre chose ! et je ne connais que vous, mon enfant, qui puissiez le forcer à vous confier...

ESTELLE.

Eh ! comment ? Je n'ose lui parler ! j'ai peur...

FUMICHON.

Est-il possible !... il serait changé, même avec vous !

ESTELLE.

Ah ! j'ai cru que j'en mourrais de chagrin !... vous savez quelle était pour moi la tendresse de mon père, vous en avez été témoin !

FUMICHON.

Parbleu ! cela tenait de l'adoration ! (à Raymond.) c'était sa joie, son bonheur, son rêve de tous les instants ! il se serait jeté dans le Gave pour y ramasser son bouquet ; enfin moi qu'on accuse d'avoir gâté mon fils Hector... j'étais un tyran auprès de lui... un tyran domestique.

ESTELLE.

Eh bien ! vous n'avez rien vu encore ; et depuis la mort de ma mère, vous ne pouvez vous faire une idée d'une tendresse, d'un dévouement pareils ! Il ne me quittait plus d'un

____
* Raymond, Estelle, Fumichon.

seul instant... j'étais tout pour lui, j'étais sa seule pensée... et je ne vous dirai pas de quels soins il m'entourait... Paris n'avait pas pour moi d'étoffes assez riches, de bijoux assez précieux... Je me serais crue la fille d'un *nabab*... car vingt domestiques étaient à mes ordres... et il aurait renvoyé à l'instant celui qui n'aurait pas prévenu mes volontés ou deviné mes désirs... Dès qu'il me voyait sourire... il était transporté de joie... il m'embrassait.. il me remerciait d'être heureuse !... la moindre souffrance... la plus légère migraine... le désolait... le désespérait !... et souvent le matin, en ouvrant les yeux, je le voyais debout près de moi, qui me regardait dormir en attendant mon réveil ! Aussi, vous le devinez sans peine, j'étais la plus heureuse des filles, et jamais on n'aima son père comme j'aime le mien... Quand il me parlait de mariage, de brillant établissement... je lui disais : Pas encore !... car malgré moi je pensais à vous, Raymond... Il me semblait, quoique vous ne m'eussiez rien dit, que vous m'aimiez... que vous viendriez me demander en mariage, et j'attendais...

RAYMOND.

Oh ! que je suis heureux !

ESTELLE.

Quant à mon père... il ne disait jamais que ces mots : « Tu es la maitresse... quand tu « voudras ! ma fille... et qui tu voudras... »

FUMICHON.

A la bonne heure... c'est lui... je le reconnais ! voilà un véritable père !

ESTELLE.

Mais il y a deux ans à-peu-près... nous étions alors à Paris... il avait voulu y passer l'hiver à cause de moi, pour les spectacles, les bals, tous ces plaisirs qu'il aimait à me prodiguer... et un jour qu'il avait un travail pressé, et qu'il ne pouvait m'accompagner, il m'avait confiée à ma tante, et avait exigé avec instance que je me rendisse à une brillante soirée qui avait lieu ce jour-là... Il le voulait, j'obéis ; mais je n'y restai pas long-temps... Je revins de bonne heure à l'hôtel, et, avant de rentrer dans ma chambre... je me glissai vers l'appartement de mon père... Il ne dormait pas... il y avait de la lumière chez lui... et, puisqu'il aimait tant à me voir belle, je voulais lui montrer ma toilette de bal et l'embrasser... J'ouvris doucement la porte, et je n'oublierai jamais le spectacle qui s'offrit à moi... Il était seul auprès du feu... mais pâle et glacé... l'œil fixe... les traits renversés et décomposés... Je jetai un cri, je courus à lui... je le serrai dans mes bras... Le croiriez-vous, mon Dieu !... le croiriez-vous !... il me repoussa avec force... moi, son enfant... J'eus beau l'interroger... « Je n'ai rien, me dit-il, je n'ai rien... » Et il me regardait d'un air sombre et farouche... il semblait examiner mes

traits... comme s'il ne les connaissait pas, comme si pour la première fois ils frappaient sa vue... et je croyais lire dans ses yeux du dédain, de la fureur... de la haine... oui, de la haine ! Mon père me haïssait... me repoussait de son sein... eh ! qu'avais-je fait, mon Dieu ?... de quel crime étais-je coupable ?... Je le demandai à lui... je le demandai au ciel... je m'interrogeais moi-même... je ne trouvais dans mon cœur qu'amour et respect pour lui... Et cependant, dès le lendemain de grand matin, il avait quitté Paris, me laissant avec ma tante ; et pendant deux mois je ne reçus pas de ses nouvelles.

FUMICHON.

Deux mois !

ESTELLE.

Lui qui auparavant ne pouvait vivre un jour loin de moi !... J'appris seulement par ma tante qu'il était à deux cents lieues de Paris, dans ce château au pied des Pyrénées... Il y était malade !... et il ne m'appelait pas !... Je ne demandai ni permission ni conseil à personne... j'eus tort sans doute ; mais je n'écoutai que ma tendresse et mon désespoir... Je partis avec une femme de chambre au milieu de l'hiver... et j'arrivai ici, où mon père me demanda brusquement : « Qui vous amène ? » Il ne me tutoyait plus !... Que venez-vous faire ?... » Vous soigner, lui dis-je ; et, quel que soit mon crime, en obtenir le pardon par mon dévouement et mon repentir... « Il fallait commencer « par l'obéissance, me répondit-il, et ne pas « venir ici sans mes ordres !... »

RAYMOND.

J'espère cependant qu'il ne vous obligea pas à repartir ?

ESTELLE.

Hélas ! il le voulait ! mais, grace au ciel, je tombai si malade moi-même, qu'il fallut bien rester... Tous les soins me furent prodigués ; deux fois par jour il envoyait savoir de mes nouvelles... mais jamais il n'est venu me voir...

FUMICHON.

Est-il possible !...

ESTELLE.

Depuis ce temps il ne me dit rien ! il ne m'ordonne rien ; je puis aller et venir en ce vaste château... où je suis près de lui, seule. abandonnée, et comme une étrangère... Nous ne nous voyons qu'aux heures des repas, qui sont silencieux et solitaires, car il ne reçoit personne... ne va voir personne, ne sort jamais de ces lieux... Du reste, il évite de m'adresser la parole, et même de me rencontrer... et quand je veux l'interroger, quand seulement je lève vers lui mes yeux suppliants... ma vue lui cause une impression pénible et douloureuse... Il s'éloigne sans me répondre... ou en me jetant des regards de reproche et de colère... Et moi, je me dis en pleurant : C'est ma faute... car mon père ne peut être injuste...

c'est ma faute... mais quelle est-elle?... comment l'expier?... Je redouble alors de soins et de tendresse... lui de froideur, d'indifférence... et je passe ma vie à pleurer, à prier pour lui, à le craindre... et à l'aimer... Ah! plaignez-moi, car je suis bien malheureuse.

(Elle remonte un peu la scène.)

FUMICHON, passant au milieu*.

Je ne puis revenir encore de ce que je viens d'entendre... c'est un rêve... un mauvais rêve... un cauchemar!... Il est impossible qu'il ne revienne pas à la raison... Cela me regarde, et je m'en charge.

ESTELLE.

Est-il possible?...

FUMICHON.

En attendant... je comprends bien que ce n'est pas le moment de lui parler de mariage.

RAYMOND.

Et cependant il faut que d'ici à quelques jours je sois à Bayonne... Le brick que je commande doit mettre à la voile... et une fois parti...

(Estelle remonte vers le fond.)

FUMICHON.

Je comprends bien!... mais c'est que nous autres notaires, nous avons certainement de l'esprit... mais avec le temps!... il nous faut le temps... et les délais fixés par la loi... Aussi, pour enlever les affaires à l'abordage... je compte sur vous.

RAYMOND.

Moi!...

FUMICHON.

Vous m'aiderez; et, pour commencer, je vais vous présenter à monsieur de Soligni.

RAYMOND.

Vous ne pourriez pas commencer sans moi?... je l'aimerais mieux.

FUMICHON.

N'avez-vous pas peur?

RAYMOND.

Non... sans doute.

ESTELLE, au fond et regardant au dehors.

Voici mon père.

RAYMOND.

Je vous laisse, et reviendrai quand il le faudra... vous me le direz...

(Il s'enfuit et sort par la porte à droite de l'acteur.)

FUMICHON, criant après lui.

Mais permettez donc!... monsieur l'amiral!... Il gagne au large... toutes voiles dehors! Voilà un marin qui est joliment brave!

SCÈNE V.

FUMICHON, SOLIGNI, ESTELLE; RENAUD, au fond.

SOLIGNI, se jetant dans les bras de Fumichon.

Je te revois!

* Raymond. Fumichon. Estelle.

FUMICHON*.

Oui, mon ami, mon cher Soligni.

SOLIGNI.

Ah!... que mon cœur en avait besoin... (Essuyant une larme.) Cela fait tant de bien d'embrasser un ami! (S'avançant et apercevant Estelle.) Que faites-vous là, Estelle? laissez-nous...

ESTELLE.

Oui, mon père... je m'en vais...

SOLIGNI.

Tu restes ici, n'est-il pas vrai... toute la semaine?

FUMICHON.

Je ne peux pas... j'ai besoin de revoir mon étude, et puis mon fils, dont le régiment est à Bagnères... Mais je te donnerai au moins aujourd'hui et demain.

(Il s'assied sur le canapé. — Estelle, au fond, parle à Renaud et a l'air de lui donner des ordres.)

SOLIGNI.

Ah! c'est ce que nous verrons. (A Renaud.) Occupez-vous de son appartement.

RENAUD, qui est près de la porte à droite.

Mademoiselle a dit que l'on préparât celui du premier... celui de sa mère...

SOLIGNI.

De sa mère!...

RENAUD.

Le plus beau de la maison!...

SOLIGNI, à Renaud.

Eh! de quel droit mademoiselle donne-t-elle ici des ordres?... Ce n'est pas à elle d'y commander, je pense... c'est à moi!...

ESTELLE.

Pardon, mon père, j'ai eu tort....

FUMICHON, assis.

Le tort n'est pas grand!

SOLIGNI.

C'est bien... cela suffit... Vous placerez monsieur... près de mon cabinet... près de moi; nous pourrons causer plus à l'aise... mais dorénavant n'oubliez pas que moi seul suis maître en ce château, et que rien ne doit se faire avant qu'on m'ait consulté... Allez.

(Renaud sort par la porte à droite.)

ESTELLE.

Vous avez raison, monsieur... c'est moi qui sans y réfléchir et croyant bien faire...

SOLIGNI, froidement.

Je ne vous fais pas de reproche... je ne vous dis rien! Ce n'est pas à vous... c'est à ce domestique que je m'adressais...

ESTELLE.

N'importe, mon père, croyez que désormais ma soumission...

SOLIGNI, sèchement.

Je n'en vois pas la preuve... car il me semble vous avoir priée de nous laisser.

(Fumichon se lève.)

* Renaud, au fond; Fumichon. Soligni, Estelle.

ESTELLE, *passant auprès de Fumichon, lui dit bas et avec douleur :*

Vous l'entendez ?

(*Elle passe à sa droite et reste un peu en arrière pendant le morceau de chant.*)

ESTELLE, *bas à Fumichon.*

AIR : Séduisante image (de GUSTAVE).

Vainement j'espère
Désarmer son cœur ;
Rien ne peut d'un père
Calmer la rigueur !

FUMICHON, *la retenant.*

Mais, hélas ! ma chère,
Que pouvez-vous faire ?

ESTELLE.

Lui donner mes jours !
Souffrir et me taire,
Et l'aimer toujours.

ENSEMBLE.

SOLIGNI.

Contrainte sévère,
Funeste rigueur,
Cachons ma colère
Au fond de mon cœur.

ESTELLE.

Vainement j'espère
Attendrir son cœur ;
Rien ne peut d'un père
Calmer la rigueur.

FUMICHON, *regardant Soligni.*

Je saurai, j'espère,
Lire dans son cœur,
Je saurai d'un père
Calmer la rigueur.

(*Elle sort par la droite.*)

SCÈNE VI.

FUMICHON, SOLIGNI.

FUMICHON.

Eh ! mais, tu me sembles bien sévère avec cette chère enfant ?

SOLIGNI.

Moi ! en quoi donc ?

FUMICHON.

Le ton dont tu lui as parlé...

SOLIGNI.

N'est-ce que cela ?... Tu dois m'en savoir gré, et m'en complimenter !... J'ai mis à profit tes remontrances... Tu me reprochais autrefois d'être trop indulgent, trop facile... C'est un tort, disais-tu...

FUMICHON.

Quand les enfants en abusent ! mais ta fille est si bonne, si aimable !...

SOLIGNI, *froidement.*

Oui, elle n'est pas mal...

FUMICHON, *avec enthousiasme.*

Pas mal !... elle est charmante ! et si dans son genre mon fils Hector était comme elle !...

SOLIGNI.

Hector, mon filleul !... un joli cavalier que j'aime de tout mon cœur !... et pour la moitié de ma fortune je voudrais qu'il fût à moi !... Ah ! que tu es heureux, toi... d'avoir un enfant... (*se reprenant.*) je veux dire un garçon !

FUMICHON.

Parbleu ! le bonheur n'est pas si grand... car il me fait damner... il me mange un argent fou. Tous les produits de mon étude y passent. Monsieur ton filleul donne à dîner à tout son régiment... monsieur donne à danser à toutes les jolies femmes de Bagnères.

SOLIGNI.

Lui, Hector ?

FUMICHON.

Parbleu !... il ne manque pas d'Andromaques.

SOLIGNI.

A son âge !

FUMICHON.

C'est bien là ce qui m'effraie... il n'a pas vingt ans, et est déjà aussi mauvais sujet que s'il en avait quarante...

Mais aux ames bien nées
La valeur n'attend pas le nombre des années.

C'est la devise de la jeune France !... c'est la sienne... Voilà, mon cher ami, ce que l'on gagne à avoir un garçon... tandis que toi, qui as une fille... une fille si sage... si raisonnable...

SOLIGNI, *avec impatience.*

Certainement.

FUMICHON.

Une fille qui a, je crois, en partage, toutes les qualités.

SOLIGNI, *de même.*

Eh ! mon Dieu... je n'en doute pas... Mais je t'avais prié de venir me voir...

FUMICHON.

Pour me parler d'elle ?...

SOLIGNI.

Non vraiment... mais pour te demander un conseil, ou plutôt un grand service... J'ai pensé que je ne pouvais m'adresser qu'à toi...

FUMICHON.

Tu as bien fait... et je t'en remercie !...

SOLIGNI, *après un instant de silence.*

C'est un ami à moi... un ami intime qui est venu me consulter, moi, ancien militaire, ancien négociant, qui n'entends rien aux affaires de jurisprudence, et sans trahir un secret d'où dépend sa vie... je me suis promis de t'en parler.

FUMICHON.

Je t'écoute !

SOLIGNI, *lui montrant le canapé.*

Asseyons-nous.

(*Ils s'asseyent sur le canapé à droite du théâtre, Fumichon à la gauche de Soligni.*)

FUMICHON.

De quoi s'agit-il ?...

SOLIGNI, *après un instant de silence.*

Quand un homme marié est riche et n'a qu'un enfant, et qu'il a des motifs graves pour l'exclure totalement de sa succession, quels moyens pourrait-il employer?

FUMICHON.

Aucun... à moins d'aliéner et de dénaturer ses biens, et de les donner enfin de la main à la main.

SOLIGNI.

Mais s'il ne voulait pas s'en dessaisir de son vivant?

FUMICHON.

Cela deviendrait plus difficile... Il faudrait alors souscrire à un tiers une obligation qu'il acceptât, et par laquelle on reconnaîtrait avoir reçu de lui telles ou telles sommes remboursables à la mort du signataire.

SOLIGNI.

Je comprends.

FUMICHON.

Un acte fait double, sous seing privé, deux signatures au bas, et tout est en règle.

SOLIGNI.

A merveille.

AIR de l'Écu de six francs.

Mais avant tout il est utile
Que quelqu'un accepte l'écrit.

FUMICHON.

Ah! ce n'est pas le difficile,
Quand d'une fortune il s'agit... (*bis.*)
Sois sûr que sans se faire attendre,
Il va soudain se présenter
Maint amateur pour l'accepter,
Et souvent même pour la prendre.

SOLIGNI, *d'un air distrait.*

Je le crois aussi... (Avec un peu d'hésitation.) Mais ne pourrais-tu pas me faire le modèle de cet acte, de cette donation?

FUMICHON.

Si tu connais intimement la personne... si tu me réponds qu'elle a de justes raisons pour agir ainsi?

SOLIGNI.

Je te le jure sur l'honneur.

FUMICHON.

C'est différent... ce n'est plus moi... c'est toi qui es responsable. (Ils se lèvent; Fumichon se mettant à la table et écrivant.) Ce ne sera pas long. (Montrant ce qu'il écrit à Soligni qui le suit des yeux.) Tiens, vois-tu... pas autre chose. (Écrivant toujours.) Mettre là les noms... que je laisse en blanc... désigner la somme... qu'on est censé emprunter; et pour que ce soit mieux... lui donner une destination et en indiquer l'emploi... Mais pour cela, il faudrait connaître les affaires et la position de celui qui veut souscrire cette obligation.

SOLIGNI, *à demi-voix.*

Eh bien! s'il faut te le dire... celui-là... c'est moi!...

FUMICHON, *se levant* [*], *à haute voix.*

Qu'ai-je entendu?... Toi déshériter ta fille... la priver de tes biens... vouloir les transmettre à un autre!...

SOLIGNI.

Silence!... Si je me suis adressé à toi, à mon seul ami, c'est pour être sûr du secret, et j'y compte... tu me l'as promis!

FUMICHON.

Je ne t'ai pas promis de t'aider dans une injustice, et c'en serait une.

SOLIGNI.

Qu'en sais-tu?... Sais-tu ce qui se passe là?... sais-tu ce que j'ai souffert... ce que je souffre encore?... Je suis le plus malheureux des hommes; abandonné de tous, trahi, outragé; j'ai la rage dans le cœur... Et il me faut en silence dévorer un affront dont je ne peux même pas tirer vengeance...

FUMICHON.

Que dis-tu?

SOLIGNI.

Ah! tu sauras tout maintenant... aussi bien c'est trop souffrir, c'est trop se contraindre... et c'est déjà alléger ses maux que de les confier à un ami!... je ne te parlerai pas des premières années de ma vie... elles furent trop heureuses; et je regrette encore le temps, où, simple officier sortant de Saint-Cyr... je dus à ton amitié mes premiers frais d'équipement et de campagne... tu étais le plus âgé, le plus riche de nous deux, car je n'avais rien, et je ne t'offrais pour caution que moi... ma personne, qu'un boulet de canon pouvait enlever!... il n'en fut pas ainsi... on allait vite alors; et quand je revins général de brigade... aide-de-camp de l'Empereur... on crut ma fortune faite... un armateur de Bordeaux m'offrit sa fille, je l'acceptai... elle était jolie... je l'aimais... je croyais en être aimé... je me conduisis du moins en bon mari, et ne songeais qu'à la rendre heureuse!... la Restauration m'avait enlevé mon avenir, mes espérances et ma fortune... je cherchai à m'en faire une autre dans le commerce: j'équipai un bâtiment marchand... je fis plusieurs voyages qui presque tous réussirent; et pendant mes longues absences, je n'avais d'autres consolations que le souvenir de ma femme, et sur-tout de ma fille!... c'était un bonheur qui jusque-là m'avait été inconnu... un sentiment qui absorbait tous les autres, une passion, un amour qui m'aurait tenu lieu de tout... car ma vie à moi... c'était mon enfant, et depuis la mort de sa mère... tu en as été le témoin, je ne pouvais passer un instant sans l'avoir là près de moi... j'étais fier de ses suc-

[*] Soligni, Fumichon.

cès, de ses talents, de sa beauté ; et, quand tout le monde l'admirait, avec quel orgueil, quel bonheur je leur disais... Elle est à moi c'est mon sang, c'est ma fille!... Ah! j'étais trop heureux, et toutes mes illusions, tous mes rêves allaient se dissiper.

FUMICHON.

Comment cela?

SOLIGNI.

Un soir j'étais resté seul chez moi, à Paris, dans l'hôtel où, pendant mes voyages, habitait autrefois ma famille... et en cherchant dans une armoire secrète des papiers qui m'étaient nécessaires, et que je voulais t'envoyer, un ressort que je ne connaissais pas me fit découvrir une cachette dans l'épaisseur de la boiserie. J'y trouvai un portrait... et un billet... Ce portrait, je le reconnus très bien ; et quant au billet, je ne l'oublierai jamais... voici ce qu'il disait : « Tu m'as écrit : « Viens, je t'attends ; » « et ces mots qui hier encore auraient fait mon « bonheur me réduisent au désespoir... Je ne « puis me trouver au rendez-vous que tu me « donnes : je ne puis plus te voir. Adieu, Hen- « riette ; ton mari vient de me sauver la for- « tune et l'honneur, à moi qui le trahissais de- « puis si long-temps ! »

FUMICHON.

O ciel !...

SOLIGNI, froidement.

C'était un de mes anciens compagnons d'armes, que dès le commencement de mon mariage j'avais accueilli chez moi... M. de Bussières...

FUMICHON.

Celui qui est mort pendant ton dernier voyage?...

SOLIGNI.

Oui; pour mon malheur, il est mort... ils sont tous morts, ceux qui m'ont trahi! Et pendant cette fatale découverte, calme et impassible, j'avais abandonné en moi-même, à la vengeance du ciel, l'épouse coupable qui n'était plus, l'ami perfide que j'avais sauvé du déshonneur, et qui avait tramé le mien... j'éprouvais pour eux trop de mépris, pour avoir de la colère... Mais, quand je relus ce billet et ces derniers mots : « *moi qui le trahissais depuis si* « *long-temps!...* » je sentis un froid mortel se glisser dans mes veines en pensant à Estelle... à celle que je nommais ma fille...

FUMICHON.

Ah! quelle horrible idée !

SOLIGNI.

Eh! comment ne pas l'avoir?... comment ne pas sentir un tel soupçon parcourir, en frémissant, tout votre être, et remonter jusqu'au cœur, pour y dessécher tout ce qu'on avait de sentiments tendres... pour empoisonner votre joie, pour changer votre bonheur en défiance, et votre amour en haine?... Mille souvenirs

dont je te fais grace, mille circonstances autrefois indifférentes venaient maintenant s'offrir à mon esprit, et faisaient jaillir à mes yeux la lumière que j'aurais voulu fuir... Que n'ai-je pas fait pour m'y soustraire, et pour m'abuser moi-même! je le désirais, j'aurais payé de mon sang un mensonge qui m'aurait rendu le repos ; mais ils ne m'ont même pas laissé les tourments et le bonheur d'un doute.

FUMICHON.

Que veux-tu dire ?

SOLIGNI.

Tu sais que, lors de mon dernier voyage, recueilli par un vaisseau anglais qui faisait voile pour Canton, on a été plus d'un an sans recevoir d'autre nouvelle que celle de mon naufrage ! On dut me croire mort, et ce bruit était devenu une certitude, lorsque ma femme succomba elle-même à une longue et cruelle maladie... mais en expirant, sais-tu ce qu'elle a fait?... sais-tu à qui elle a confié, par son testament, la tutelle, l'éducation, l'existence de sa fille? Ce n'est pas à sa propre sœur, qui était près d'elle... ce n'est pas à des parents à moi, qui étaient ses tuteurs naturels !... non, c'est à son complice, à son amant, au père de son enfant... à M. de Bussières!

FUMICHON.

Est-il possible !

SOLIGNI.

Et ce qu'il y a de plus évident encore, c'est qu'à cette époque M. de Bussières n'était pas en France ; marié lui-même et sans fortune, il était passé à l'étranger ; il avait pris du service en Russie, dans l'armée polonaise, où depuis il a trouvé, en combattant, une mort que je lui envie, et qu'il ne méritait pas!... Mais pourquoi cette femme qu'il avait abandonnée à jamais, cette femme à qui il avait écrit une lettre d'éternel adieu, aurait-elle été, au moment de sa mort, lui confier, à lui... absent, le soin d'une orpheline... si cette orpheline lui eût été étrangère? Et ce titre de tuteur qu'elle lui donnait, ne prouve-t-il pas qu'à ses propres yeux à elle, il avait d'autres titres?... (Vivement.) Mais réponds, réponds-moi donc! trouve donc quelques raisonnements, quelques objections qui détruisent, qui atténuent les preuves qui l'accablent !

FUMICHON, avec embarras.

Eh !... eh !... ce ne serait pas encore impossible !

SOLIGNI.

Non, tu le sais bien !... tu sens toi-même que j'ai raison, que cette enfant ne m'est rien, qu'elle est ici une étrangère, ou plutôt un affront continuel, une preuve vivante de mon déshonneur!... Et quand je pense que pendant si long-temps je l'ai chérie, je l'ai adorée, que j'ai prié pour elle, que j'ai pressé sur mon cœur et couvert de mes baisers... qui? la fille de mon ennemi... Et comme si ce n'était pas assez, pendant ma vie, des tourments que j'éprouve, il faudrait encore qu'après ma mort, mon bien, ma fortune, ce fruit de mes travaux et de mes peines, allassent enrichir mademoiselle de Bussières !... Ah ! mon cœur se révolte à cette seule idée ! Je devais à mon enfant, à ma fille, tout ce que je possédais, mon or comme mon sang ; je n'avais pas de mérite à les lui donner ; je les lui devais !... mais je ne dois rien à mademoiselle de Bussières, et il y aurait honte à moi... ce serait mépris de toutes lois et de toute morale, de doter ainsi le parjure et de récompenser l'adultère... Non... Cet acte que je t'ai demandé est un acte de justice, elle n'aura rien... ma fortune appartient à mes amis... (avec intention.) ceux qui ne me trahissent pas !... C'est à toi que je la destine... tu l'auras.

FUMICHON.

Moi ?

SOLIGNI.

Tu l'auras tout entière, toi et les tiens... Je ne voulais pas te le dire ; mais c'est mon intention.

FUMICHON.

Sur laquelle j'espère bien te faire revenir... Mais dans ce moment il ne s'agit pas de cela... il ne s'agit pas de moi... mais de ton bonheur, de ton repos, et pour toi il n'y en aurait pas de possible si tu avais des reproches à te faire...

SOLIGNI.

Des reproches !...

FUMICHON.

Oui... tu es un galant homme, un homme juste, et, quels que soient les motifs de ta colère, tu dois sentir que ta fille... je veux dire qu'Estelle... ne doit pas être punie d'un crime qui n'est pas le sien !... Ce n'est pas sa faute à cette pauvre enfant ! Si elle t'aime, si elle te respecte, si elle te regarde comme ce qu'elle a de plus cher, tu ne dois pas lui en vouloir.

SOLIGNI.

Je ne lui en veux pas ; et, s'il faut te l'avouer, j'avais tellement l'habitude de l'aimer, que souvent j'oublie ma haine ; je n'y pense plus, je suis prêt à m'élancer vers elle, à l'embrasser, à lui dire : Ma fille ! Et puis je m'arrête ! et la rougeur sur le front, honteux de moi-même, indigné de l'aimer encore, je m'en venge en l'accablant de mon indifférence, et souvent de ma colère ! Parfois même, que te dirai-je ? je suis furieux de la voir si jolie, d'être forcé d'admirer en elle tant de beauté, tant de vertus, tant de trésors enfin, qui ne m'appartiennent plus. Elle me croit bien méchant, et je suis bien malheureux... sa vue me fait tant de mal !

(Il se jette dans les bras de Fumichon, puis il s'éloigne en remontant le théâtre, et en redescendant il se trouve à gauche de Fumichon.)

FUMICHON *.

Oui, je le comprends maintenant... Alors il faut qu'elle s'éloigne, mais sans que personne puisse s'étonner de votre séparation.

SOLIGNI.

Eh ! comment cela ?

FUMICHON.

En la mariant.

SOLIGNI.

Moi !... me mêler de son mariage !

FUMICHON.

Tu ne t'en mêleras pas ; c'est moi que cela regarde...

SOLIGNI.

A la bonne heure ; trouve-lui un mari... qui tu voudras !... ton fils Hector.

FUMICHON.

Hector ! pauvre fille !!! tu lui en veux toujours !... Ce n'est pas bien ; je suis trop honnête homme pour y consentir !... en huit jours sa dot serait mangée.

SOLIGNI, d'un air mécontent.

Sa dot !!!

FUMICHON.

Celle que tu lui donneras... car tu lui en donneras une... tu ne peux pas faire autrement... tu le sens toi-même... ne fût-ce que pour le monde.

SOLIGNI.

Eh bien ! soit... Si une cinquantaine de mille francs...

FUMICHON.

Impossible !... je ne trouverai jamais un mari à ce taux-là... dans ce moment sur-tout, où ils sont hors de prix...

SOLIGNI.

Eh bien !... eh bien !... cent mille francs ! .. j'espère que c'est bien assez ?...

FUMICHON.

Pour tout autre... oui... mais pour toi... pour ta fortune... ça ne suffit pas...

AIR du vaudeville des Frères de lait.

Et s'il fallait insister davantage,
Par un seul mot je te déciderais ;
C'est qu'il est noble, alors qu'on nous outrage,
De nous venger par de nouveaux bienfaits !
Tu le feras !

SOLIGNI.

Qui, moi !

FUMICHON.

Je te connais...
Tu donneras ce généreux exemple.

SOLIGNI.

Qui me saura jamais gré d'un tel bien ?

FUMICHON.

Personne au monde ! hors Dieu qui te contemple,
Et ton ami qui te dira : C'est bien !

Silence !... c'est elle !...

* Fumichon, Soligni.

SCÈNE VII.

ESTELLE, FUMICHON, SOLIGNI.

SOLIGNI, à Estelle, qui entre par la porte à droite.

Que voulez-vous ?... pourquoi entrer ici sans mon ordre... et venir ainsi nous interrompre ?...

ESTELLE.

Ah ! ne m'en veuillez pas... c'est bien malgré moi ! c'est quelqu'un qui voudrait parler à monsieur Fumichon, et qui m'a suppliée de venir le lui dire.

SOLIGNI, plus doucement.

C'est différent !... Nous étions occupés d'une affaire importante... et dans mon impatience... Pardonnez-moi, Estelle, de vous avoir parlé aussi brusquement.

ESTELLE.

N'en avez-vous pas le droit, mon père ? quand vous êtes mécontent, je n'en accuse que moi, qui sans doute en suis cause !...

FUMICHON, regardant Estelle.

(s'approchant de Soligni.)

Pauvre enfant !... tant de douceur et de résignation !

SOLIGNI, avec émotion.

Tu as raison... je suis injuste.

FUMICHON, le faisant passer à sa droite entre lui et Estelle.

Regarde-la donc... (Soligni lève les yeux sur elle avec émotion.) Eh bien ! qu'en dis-tu *?

SOLIGNI, à voix basse avec colère, à Fumichon, en le ramenant sur le devant du théâtre.

Je dis... que c'est inconcevable comme elle ressemble à ce Bussières !...

FUMICHON, avec dépit.

Toujours ces maudites idées !... (Vivement, à Estelle.) De quoi s'agit-il, mon enfant, et que me veut-on ?

ESTELLE, timidement.

C'est la personne de ce matin... ce jeune marin...

SOLIGNI, brusquement.

Un jeune homme... un marin ?... qu'est-ce que c'est que ça ?

FUMICHON.

Un ami à moi !... un ami intime.

SOLIGNI.

C'est autre chose...

ESTELLE.

Il voudrait absolument vous parler...

FUMICHON.

Eh bien ! qu'il vienne.

SOLIGNI.

Non pas... je ne reçois ici personne...

FUMICHON, prenant son chapeau et sa canne, qui sont sur la table, et prêt à sortir.

Alors, puisque je ne peux recevoir mes amis chez toi...

SOLIGNI, le retenant.

Où vas-tu ?

FUMICHON *.

Le recevoir chez moi ! je pars avec lui...

SOLIGNI.

Quelle idée !... Qu'il entre au château... et qu'il attende !... tu lui parleras tantôt.

ESTELLE, à demi-voix, à Fumichon.

C'est qu'il dit que c'est très pressé... puisqu'il a reçu l'ordre de partir ce soir même pour Bayonne, où il doit s'embarquer...

FUMICHON.

Je conçois alors que les moments sont précieux... Eh bien ! priez-le de dîner avec nous.

SOLIGNI.

Comment !...

FUMICHON.

C'est moi qui l'invite... pour que nous puissions parler affaires...

ESTELLE, timidement, à Soligni.

Faut-il, mon père ?

SOLIGNI.

Puisque monsieur Fumichon le desire !...

FUMICHON.

Non seulement moi, mais monsieur de Soligni, qui sera enchanté de le voir... Je vais te le présenter.

(Il va auprès de Soligni.)

SOLIGNI, avec colère.

A moi ! y penses-tu ?

ESTELLE, effrayée.

Ah ! mon Dieu !

FUMICHON, lui faisant signe de la main.

Ne vous effrayez pas et attendez !

(Estelle se retire au coin du théâtre à droite.)

SOLIGNI, à demi-voix.

A qui diable en as-tu avec tes présentations ?

FUMICHON, de même.

Nous cherchions un mari... c'en est un ! un jeune officier de marine fort gentil, fort aimable, qui aime ta... (se reprenant) qui aime mademoiselle Estelle... et, puisque tu m'as chargé de la marier, je ne pourrai jamais trouver mieux...

SOLIGNI.

A la bonne heure... tu es le maître... pourvu que je ne paraisse en rien dans tout cela...

FUMICHON, regardant Estelle.

En rien ?... c'est difficile... mais il s'agit d'y paraître une fois, pas davantage... Il va venir... il te fera poliment sa demande en mariage ; et toi, tu lui répondras en quatre mots : « Je con-« sens ; je vous donne Estelle et deux cent mille « francs... »

SOLIGNI.

Je n'ai pas dit cela...

FUMICHON.

Tu le diras... (A Estelle.) Attendez toujours. (A Soligni.) Tu le diras, pour en finir, et pour qu'il n'en soit plus question... Voilà ce que

J'exige de toi... ce n'est pas bien difficile... et en revanche je me charge de tout le reste !

SOLIGNI, froidement et à demi-voix.

Soit : à condition que tu accepteras la donation dont je te parlais tout-à-l'heure ?

FUMICHON.

Non.

SOLIGNI.

Eh ! pourquoi ?

FUMICHON.

Parceque, grace au ciel, je suis un notaire honnête homme, qui n'ai jamais dépouillé la veuve ni l'orphelin.

SOLIGNI, élevant la voix.

Ce sera pourtant ainsi.

FUMICHON, de même.

C'est ce qui te trompe.

SOLIGNI.

Je le veux.

FUMICHON.

Je ne le veux pas.

ESTELLE, effrayée.

Voilà qu'ils se disputent !

FUMICHON, allant à Estelle.

N'ayez pas peur ! cela s'arrange ! allez le chercher... qu'il vienne !

ESTELLE.

Oui, monsieur... il est là, dans l'autre appartement.

FUMICHON.

Eh bien ! qu'il paraisse !

(Elle sort un instant par la porte à droite.)

SCÈNE VIII.

FUMICHON, SOLIGNI.

SOLIGNI.

Tu acceptes donc ?

FUMICHON.

J'aimerais mieux mourir.

SOLIGNI.

Et moi, j'aimerais mieux anéantir ma fortune, la détruire, la jeter au feu... (jetant un coup d'œil sur la table ; vivement.) ou plutôt, je n'ai plus besoin de toi... (Montrant la table.) J'ai là ce modèle d'obligation.

(Il va s'asseoir à la table.)

FUMICHON, le regardant.

Que veux-tu faire ?

SOLIGNI.

Cela ne te regarde pas.

SCÈNE IX.

RAYMOND ; ESTELLE, entrant par la porte à droite ; FUMICHON, au milieu ; SOLIGNI, à la table et écrivant.

ESTELLE, entrant sur la pointe des pieds, et à demi-voix à Fumichon.

Le voilà !

FUMICHON.

C'est bien ; qu'il avance.

RAYMOND[*].

Ah ! monsieur...

FUMICHON, lui montrant Soligni qui écrit.

Silence... tout est arrangé, mes enfants... votre mariage est convenu...

ESTELLE.

Est-il possible ?

RAYMOND.

Il y consent ?

FUMICHON.

J'ai sa parole.

ESTELLE.

Ah ! que ne puis-je me jeter dans ses bras !

FUMICHON.

C'est inutile dans ce moment... (à part.) et ça gâterait tout... (A Raymond.) Ce qu'il faut d'abord... c'est lui faire votre demande. (Lui montrant Soligni.) Il est là... allez-y.

RAYMOND.

Je le voudrais, mais je n'ose pas.

FUMICHON.

Allez donc... quelle timidité ! Si mon fils Hector était là...

(Il le prend par la main et le fait passer du côté de Soligni[**].)

AIR : Berce, berce, bonne grand'mère.

Avancez, allons, du courage !
N'allez pas trembler devant lui ;
Et soyez, pour ce mariage,
Comme en face de l'ennemi.

RAYMOND, à demi-voix.

Quoi ! vous voulez ?...

FUMICHON, de même.

Présentez à son père...

ESTELLE, de même.

Votre demande...

FUMICHON, de même.

Il va tout accorder.

(A Estelle.)

Pour nous, partons... Vous ne pouvez, ma chère,
Entendre ici ce qu'il va demander.

ENSEMBLE.

FUMICHON.

Avancez, allons, du courage !
N'allez pas trembler devant lui ;
Et soyez, pour ce mariage,
Comme en face de l'ennemi.

RAYMOND.

Avançons, allons, du courage !
N'allons pas trembler devant lui ;
Et soyons, pour ce mariage,
Comme en face de l'ennemi.

ESTELLE.

Fais, mon Dieu ! que ce mariage,
Par mon père ici soit béni ;

[*] Estelle, Raymond, Fumichon, Soligni.
[**] Estelle, Fumichon, Raymond ; Soligni, à la table.

Et que cet hymen qui m'engage
Puisse me rapprocher de lui !

SOLIGNI , à la table, à part

Cet écrit à jamais m'engage,
Ma fortune sera pour lui ;
Et par-là , du moins , mon outrage
Ne restera pas impuni.

(Fumichon et Estelle sortent par la porte à droite.)

SCÈNE X.

RAYMOND ; SOLIGNI , à la table.

RAYMOND , s'avançant timidement.

Monsieur...

SOLIGNI , brusquement.

Qu'est-ce ? qu'y a-t-il ? que voulez-vous ?

RAYMOND.

C'est moi... dont M. Fumichon a daigné vous parler... et les espérances qu'il m'a fait concevoir ont seules encouragé des prétentions que vous trouverez peut-être bien téméraires... j'aime mademoiselle votre fille...

SOLIGNI , se contenant.

Estelle !...

RAYMOND.

Oui... monsieur... je l'aime...

SOLIGNI , froidement.

C'est bien.

RAYMOND.

Et je viens en tremblant vous demander sa main.

SOLIGNI , froidement.

Je vous l'accorde !

RAYMOND , avec joie.

Est-il possible !... vous me jugez digne d'une pareille faveur ?

SOLIGNI.

Mon notaire , qui est mon ami , me répond de vous.

RAYMOND.

Mais il me connaît à peine...

SOLIGNI , se levant.

C'est égal, ça me suffit !

RAYMOND.

Mais pour moi, cela ne suffit pas... je veux que vous sachiez qui je suis, que vous connaissiez ma position, mon avenir, quelle est pour moi l'estime de mes chefs.

SOLIGNI , avec un peu d'impatience.

C'est inutile, vous dis-je ; je n'en rapporte à vous ; et, quelle que soit votre fortune...

RAYMOND.

Je n'en ai pas.

SOLIGNI , passant à droite du théâtre*.

N'importe !... je donne deux cent mille francs de dot... à la condition que le mariage se fera le plus promptement possible, et que Fumichon se chargera de régler, d'arranger

* Soligni, Raymond.

tout cela ; ainsi que de tous les soins de la noce... car moi, je ne pourrai y assister.

RAYMOND.

Eh ! pourquoi cela, monsieur ?

SOLIGNI.

Un voyage essentiel... indispensable, me force à partir dès demain...

RAYMOND.

Alors, monsieur, nous retarderons ce mariage ; et, quelque longue que puisse être votre absence, nous attendrons votre retour.

SOLIGNI , avec impatience.

Eh ! à quoi bon ? morbleu !

(Il s'assied sur le canapé.)

RAYMOND , étonné.

Il me semble, monsieur, que le respect et la reconnaissance m'en feraient seuls une loi... mais il est encore d'autres raisons ; et la longue intimité, l'amitié qui autrefois unissait nos familles...

SOLIGNI.

Que voulez-vous dire ?

RAYMOND.

Amitié que jusqu'ici il ne m'a guère été permis de cultiver ; car entré bien jeune à l'École de marine... j'étais à Angoulême quand vous habitiez Paris... et lorsque j'y arrivai, vous veniez de partir pour un long et pénible voyage... mais, en votre absence, je fus présenté par mes parents chez madame de Soligni, votre femme, qui daigna toujours, moi et mon père, nous accueillir avec tant de bonté !...

SOLIGNI.

Qui êtes-vous donc ? et quel est votre nom ?

RAYMOND.

O ciel ! vous l'ignorez ?...

SOLIGNI.

Eh ! oui, sans doute ! qui me l'aurait dit ?

RAYMOND.

Quoi ! vous ne le connaissiez pas ? vous ne l'avez pas même demandé ? et vous m'acceptez pour gendre... et vous m'accordez votre fille ?

SOLIGNI , avec colère.

Ma fille... toujours ma fille !... il ne s'agit pas d'elle... mais de vous !... votre nom ?...

RAYMOND.

Raymond... Raymond de Bussières, lieutenant de marine !

SOLIGNI , se levant, et allant à lui.

Bussières !... Est-ce que vous seriez le fils du colonel Bussières ?

RAYMOND.

Votre ancien ami !...

SOLIGNI , s'éloignant.

Bussières !...

RAYMOND.

A qui vous avez rendu de si grands services... et qui, pendant quinze ans, n'eut presque pas d'autre maison, d'autre famille que la vôtre.

SOLIGNI, avec fureur

Quinze ans !

RAYMOND, avec joie.

Oui, monsieur !...

SOLIGNI, avec fureur.

Et c'était votre père ?

RAYMOND.

Oui vraiment !...

SOLIGNI, avec joie.

Il a un fils !... un fils qui porte l'épée.... Ah ! que je suis heureux ! (Allant à Raymond et lui prenant les deux mains.) Monsieur, votre père était un traître et un lâche...

RAYMOND, stupéfait.

Monsieur...

SOLIGNI.

Je vous le dis à vous.

RAYMOND.

Parlez-vous sérieusement ?

SOLIGNI.

Oui !... un infâme !...

RAYMOND.

Monsieur ! mon père était un honnête homme !... un homme d'honneur.

AIR : Corneille nous fait ses adieux.

Et vous oubliez, je le voi,
Que son sang coule dans mes veines !
Son nom, son honneur sont à moi,
Et ses injures sont les miennes !
En vain vous avez espéré
Qu'il ne pourrait plus vous entendre !...
(Allant à Soligni en lui serrant fortement la main.)
Mon père, tant que je vivrai,
Existe encor, pour se défendre.

SOLIGNI, traversant le théâtre *.

C'est tout ce que je demande ; je pourrai donc me venger sur quelqu'un !

RAYMOND.

Et vous rétracterez à l'instant les paroles injurieuses que vous venez de proférer contre lui, ou sinon...

SOLIGNI.

Eh bien ?...

RAYMOND.

Eh bien ! quand je devrais perdre tout ce que j'aime, je ne laisserai pas outrager sa mémoire.

SOLIGNI, lui frappant sur l'épaule.

Bien ! jeune homme, vous n'êtes pas comme lui ; car pendant quinze ans votre père fut un...

RAYMOND, lui prenant la main avec force.

N'achevez pas !... (Froidement.) Vos armes ?

SOLIGNI.

L'épée.

RAYMOND.

Le lieu ?

SOLIGNI.

Sous les murs du parc.

* Raymond. Soligni

RAYMOND.

Et l'instant ?

SOLIGNI, allant à la table.

Dans une heure... le temps d'achever cet écrit.

ENSEMBLE.

AIR : A la mort qui s'approche (de GUSTAVE).

RAYMOND.

Pour moi plus d'espérance ;
Mais puis-je au fond du cœur
Supporter qu'il offense
Mon père et son honneur ?

SOLIGNI.

Enfin ma vengeance
Est offerte à mon cœur ;
C'est ma seule espérance,
C'est là mon seul bonheur !

SCÈNE XI.

LES MÊMES, ESTELLE et FUMICHON, entrant par la droite.

ENSEMBLE.

ESTELLE, allant à Raymond.

Qu'entends-je ! quelle offense
Excite sa fureur !
Pour moi plus d'espérance ;
Ah ! je tremble de peur.
Ah ! daignez nous apprendre,
Ah ! daignez nous apprendre
D'où vient ce que j'entends ;
Quels regards menaçants !

FUMICHON, allant à Soligni.

Qu'entends-je ! quelle offense
Excite sa fureur !
Moi qui croyais d'avance
Compter sur leur bonheur !
On n'y peut rien comprendre,
Et daigne ici m'apprendre
D'où vient ce que j'entends,
Et ces cris menaçants.

RAYMOND.

Il faut que dans une heure
Je le venge ou je meure ;
Ici je vous attends,
Comptez sur mes serments.

SOLIGNI.

Il faut que dans une heure
Je me venge ou je meure ;
Ici je vous attends,
Songez à vos serments.

(Sur les dernières mesures du morceau, Raymond et Soligni ont remonté le théâtre et se sont rapprochés en chantant ces derniers vers. Soligni sort par la gauche.)

SCÈNE XII.

RAYMOND, FUMICHON, ESTELLE

FUMICHON.

Eh bien ! il sort furieux... Qu'est-ce que ça signifie ?

RAYMOND.

Que tout est perdu.

FUMICHON.

Laissez donc !

ESTELLE, à Fumichon.

Ah! nous n'espérons plus qu'en vous.

FUMICHON, à Raymond.

Vous n'avez donc pas fait votre demande?

RAYMOND.

Si vraiment!

FUMICHON.

Et qu'a-t-il répondu?

RAYMOND.

Qu'il acceptait... qu'il me donnait sa fille et deux cent mille francs de dot.

FUMICHON.

Voilà l'essentiel... le reste n'est rien.

RAYMOND.

Pas du tout... car dès que je lui ai dit mon nom... sa physionomie a changé... ses traits se sont contractés... il m'a insulté dans ce que j'avais de plus cher.

FUMICHON.

Quelque lubie qui lui sera passée dans ce moment par la tête... car je ne peux croire que cela vienne de votre nom... qui, après tout, n'a rien de bien terrible !

ESTELLE.

Non... sans doute !

FUMICHON.

N'est-ce pas Raymond que l'on vous nomme?

ESTELLE.

Oui vraiment!... Raymond de Bussières!

FUMICHON, stupéfait.

Bussières !

ESTELLE et RAYMOND.

Qu'avez-vous donc?

FUMICHON, dans le plus grand effroi.

Bussières, avez-vous dit?

RAYMOND.

Eh bien! vous voilà comme lui!

FUMICHON.

Malheureux que vous êtes!... malheureux enfants!...

ESTELLE, tremblante.

Qu'y a-t-il donc?

FUMICHON.

Rien, mes amis... rien du tout... mais la surprise... l'effroi!...

ESTELLE.

Nous ne devons plus en avoir, puisque vous êtes pour nous.

RAYMOND.

Puisque vous parlerez en notre faveur.

FUMICHON.

Moi!... m'en préserve le ciel!

ESTELLE.

Comment, notre mariage!...

FUMICHON, à demi-voix.

Taisez-vous!... taisez-vous!... (A part.) Qu'est-ce que j'allais faire là? (Haut.) Mes chers amis...

ne m'accusez pas... ne m'en veuillez pas... mais en conscience... voyez-vous... ce mariage... il ne faut plus y penser.

ESTELLE et RAYMOND.

Que dites-vous?

FUMICHON.

Il ne peut plus avoir lieu.

ESTELLE.

Eh! pour quelles raisons?

FUMICHON.

Je ne peux pas vous le dire!

RAYMOND.

Ah! c'est trop se jouer de nos tourments, et vous parlerez...

FUMICHON.

Ça m'est impossible... mais vous sentez bien, mes enfants, que moi qui suis votre ami... il ne me viendrait pas à l'idée de vous désunir... de vous séparer... si les motifs les plus graves...

RAYMOND et ESTELLE.

Eh bien! quels sont-ils?

FUMICHON.

Ne me le demandez pas!... mais si vous avez quelque confiance en moi, si vous avez quelque amitié pour elle...

RAYMOND.

De l'amitié!!! dites donc l'amour le plus fort, le plus violent.

FUMICHON.

Eh bien! en voilà trop!... je ne vous en demande pas tant; je vous demande seulement de partir, de rester éloigné d'elle pendant quelque temps... je vous en supplie en grace.

RAYMOND.

Je ne puis partir en ce moment; mais ce soir, mais demain, vous serez satisfait, (passant auprès d'Estelle.) et il est probable que nous ne nous verrons plus.

ESTELLE.

Raymond !

RAYMOND.

Adieu!... D'autres devoirs m'appellent; mais rassurez-vous, je respecterai ce qui vous est cher... et si... je ne reparais plus à vos yeux, parfois du moins donnez-moi un souvenir.

ESTELLE.

Ah! toujours...

RAYMOND, à Fumichon.

Adieu, monsieur... (A Estelle.) Adieu, Estelle... j'espère, quoi qu'il arrive, que tous les deux vous serez contents de moi.

(Il sort par le fond.)

SCÈNE XIII.

ESTELLE, FUMICHON.

FUMICHON, essuyant une larme.

C'est un brave jeune homme que l'on doit plaindre.

ESTELLE, pleurant.

Oh! certainement, et pour moi je l'aimerai toute ma vie.

FUMICHON.

Eh bien! non... il ne faudrait pas.

ESTELLE.

Que dites-vous?

FUMICHON.

Qu'il ne faudrait pas... pour bien faire, l'aimer comme vous dites là.

ESTELLE.

Quoi! même de loin?

FUMICHON.

Même de loin.

ESTELLE.

Eh! pourquoi donc? car toute votre conduite est une énigme que je ne puis comprendre.

FUMICHON.

Tant mieux alors, c'est ce qu'il faut... mais croyez, ma chère fille, que de mon côté tout ce qui pourra assurer votre bonheur ou votre avenir... (A part.) Et quand j'y pense maintenant, cette donation de Soligni... j'ai eu tort de refuser... (Haut.) J'accepterai, mon enfant, j'accepterai... mais pour tout vous rendre un jour.

ESTELLE.

Que voulez-vous dire?

FUMICHON.

Vous ne pouvez le savoir encore; ce n'est pas ma faute... Mais silence!... c'est votre père...

SCÈNE XIV.

ESTELLE, FUMICHON; SOLIGNI, entrant par la gauche, va s'asseoir auprès de la table.

FUMICHON, à part.

Comme il a un air sombre! il ne nous voit seulement pas. (Allant à lui.) Soligni!

SOLIGNI, apercevant Fumichon et Estelle.

Ah! te voilà!   (Il se lève.)

FUMICHON.

Oui, mon ami; je voulais te parler sur ta proposition de ce matin, à laquelle j'ai réfléchi, et dont je ne serais peut-être pas maintenant très éloigné.

SOLIGNI.

Quoi! vraiment, tu accepterais?...

FUMICHON.

Pour te rendre service.

SOLIGNI.

J'en suis fâché; tu m'avais refusé... j'ai fait d'autres dispositions.

FUMICHON.

Que tu peux changer.

SOLIGNI.

Non! il n'est plus temps; l'acte signé par moi en bonne forme, et d'après le modèle que tu m'avais donné, vient de partir à l'instant.

FUMICHON.

O ciel! et pourquoi te presser ainsi?

SOLIGNI.

Je n'avais pas de temps à perdre, car dans une heure peut-être...

FUMICHON.

Que veux-tu dire?

SOLIGNI.

Rien!... Je suis content!... je suis heureux!... Voilà le premier bonheur qui depuis longtemps me soit arrivé!... (S'avançant et apercevant Estelle.) Ah! c'est vous, Estelle, approchez... approchez! (Estelle passe entre Fumichon et Soligni*.) Je viens de voir ce jeune homme qui vous demandait en mariage... il n'a pu hasarder une pareille démarche sans votre aveu?

ESTELLE.

Ce n'est pas moi, c'est monsieur Fumichon.

FUMICHON.

Parceque alors j'ignorais que M. de Bussières...

SOLIGNI.

Tais-toi... je ne te demande rien. (A Estelle.) Vous l'aimiez donc?

ESTELLE.

Oui, mon père.

SOLIGNI.

Et comment ne m'en avez - vous jamais parlé?

ESTELLE.

Je vous l'ai dit, mon père, il y a bien longtemps... C'était dans le temps où vous m'aimiez! Vous me disiez alors : Il faut te marier. Et moi je vous ai répondu : Attendez, car il y a quelqu'un que je préférerais peut-être à tous les autres... mais il ne s'est jamais déclaré, il ne m'a jamais dit qu'il m'aimait... Et si tu te trompais, mon enfant, avez-vous ajouté... car alors vous me disiez toujours *toi*... si tu te trompais, tu serais bien malheureuse.—Non, vous ai-je répondu, car j'aurais, pour me consoler, l'amour de mon père; et cet amour-là tient lieu de tout. S'il en est ainsi, avez-vous dit en m'embrassant, attendons et n'en parlons plus... Je n'en ai plus parlé, et j'ai attendu... cela m'était facile alors... j'étais si heureuse!

SOLIGNI, après un instant de silence.

Oui, tout cela est vrai... je me le rappelle maintenant... mais ce jeune homme, où l'aviez-vous vu?

ESTELLE.

A Paris, chez ma mère... où il venait presque tous les jours avec M. de Bussières, son père... C'était pendant votre absence, lors de ce dernier voyage que vous avez fait et qui a duré si long-temps.

FUMICHON, à part et lui faisant des signes qu'elle ne voit pas.

Impossible de la faire taire!

* Fumichon, Estelle, Soligni.

SOLIGNI, avec émotion.

Ce monsieur de Bussières... je ne parle pas de Raymond, mais de l'autre... ce monsieur de Bussières vous aimait?

ESTELLE.

Beaucoup!... il m'avait vue si jeune!

FUMICHON, à demi-voix.

Taisez-vous!

ESTELLE, à Fumichon.

Eh! pourquoi donc?... pourquoi ne dirais-je pas la vérité?

SOLIGNI.

Vous avez raison. Savez-vous qu'en mon absence, et croyant que j'avais perdu la vie, votre mère voulait vous le donner pour tuteur?

ESTELLE.

Oui vraiment! car, quelques jours avant sa mort, il y a trois ans... ma pauvre mère me fit venir près de son lit. Nous étions seules et elle me dit: Bientôt, ma fille, tu seras orpheline; je t'ai donné pour tuteur un ami de notre famille, un ami de ton enfance, M. de Bussières, qui dans ce moment n'est pas dans ce pays... Mais, dès qu'il sera de retour, ce qui ne peut tarder, tu lui remettras toi-même... et à lui seul, ces papiers.

SOLIGNI et FUMICHON, à part.

O ciel!

ESTELLE.

Et elle me confia alors une lettre cachetée de noir, qui contenait sans doute ses dernières volontés et tous les renseignements nécessaires sur notre fortune... Mais vous savez que peu de temps après, M. de Bussières ayant perdu la vie en Pologne...

SOLIGNI.

Vous n'avez pu lui remettre cette lettre?

ESTELLE.

Non, mon père.

SOLIGNI.

Et elle existe encore!

ESTELLE.

Je le pense!... je l'avais serrée dans l'écrin de ma mère avec les lettres que vous m'écriviez, quand vous étiez en voyage... enfin, avec tout ce que j'avais de plus précieux... et, le jour même de votre arrivée, je me suis hâtée de vous remettre cet écrin. J'ignore ce que vous en avez fait; mais le lendemain j'étais dans votre cabinet, debout près de vous; cet écrin était sur votre bureau, et vous m'avez dit: Ce sont les diamants de ta mère, ils t'appartiennent; mais tu ne peux pas les porter avant ton mariage... je te les garderai jusque-là... Alors vous avez renfermé l'écrin, vous m'en avez remis la clef.

FUMICHON, vivement, à Estelle.

Et l'écrin?

ESTELLE.

Mon père l'a gardé.

SOLIGNI, froidement.

C'est vrai; il est entre mes mains... il est ici.

FUMICHON, à part.

Ah! mon Dieu!

SOLIGNI, à Estelle, froidement.

Donnez-moi cette clef.

FUMICHON, à voix basse.

Ne la donnez pas!

ESTELLE, étonnée.

Qu'est-ce que cela signifie?

SOLIGNI.

Je veux l'avoir.

FUMICHON.

Et moi, je pense que c'est absurde... que c'est inutile... et que, s'il faut le dire, tu as tort de la lui demander... parceque après tout...

SOLIGNI.

Je l'ordonne!

FUMICHON.

Et moi je le lui défends... pour elle-même et pour toi... (A Estelle.) Oui, mon enfant... (Bas et très vivement.)

AIR de l'Angélus.

Il y va de votre avenir
Et du bonheur de votre vie;
Gardez-vous bien d'y consentir;
Écoutez-moi, je vous en prie.

ESTELLE, plus lentement.

Ah! je n'écoute que mon cœur
(Montrant Soligni.)
Et sa voix qu'ici je révère...
Dût-il ordonner mon malheur,
Je dois obéir à mon père!

(Elle détache de son cou une chaîne où est la clef, et la remet à Soligni.)

SOLIGNI.

C'est bien.

FUMICHON, avec humeur.

La belle avance!... (A Estelle, en s'en allant.) Vous avez fait là un beau trait; c'est sublime... c'est admirable!... adieu.

(Il sort par le fond.)

ESTELLE, tremblante.

Que veut-il dire?

SOLIGNI.

Ah! que je souffre!

ESTELLE.

Mon père!

SOLIGNI.

Sortez... laissez-moi.

(Estelle sort par le fond en regardant son père, et en soupirant.)

SCÈNE XV.

SOLIGNI, seul.

Enfin... je suis seul... (Il va ouvrir le meuble à droite qui est incrusté dans la boiserie; il en tire un écrin qu'il apporte sur la table, à gauche.) C'est bien cela... (Il s'assied.) C'est cet écrin qu'elle m'a remis... il y a trois ans... (Il l'ouvre.) Oui, voilà les diamants de sa mère... ces diamants qu'autrefois je lui ai donnés... (Il soulève le premier compartiment, le place sur la table et regarde au fond de l'écrin.) Dans ce double fond... Ah! je ne sais ce que j'éprouve!... Et l'on m'accuse d'injustice... moi qui ne demandais au ciel que de douter encore... moi qui suis persuadé du crime, et dont la main tremble au moment d'en trouver une nouvelle preuve!... (Saisissant au fond de l'écrin une lettre cachetée.) La voici. (Regardant la lettre.) C'est bien l'écriture d'Henriette... (Lisant.) « A monsieur de Bussières!...» (Décachetant la lettre en tremblant.) Allons, du courage! (Lisant lentement.) « O vous que j'ai tant « aimé... je vous écris de mon lit de mort et « prête à paraître devant celui que j'ai offen- « sé... Quand, de ce séjour où l'on ne peut « plus tromper, il connaîtra mes regrets et sur- « tout mon repentir, peut-être ce juge si sé- « vère trouvera-t-il, sinon quelques mots pour « m'absoudre, du moins quelques larmes pour « me plaindre! » (Il s'arrête, essuie une larme, et après un instant de silence il continue.) « Vous avez « eu du courage pour moi qui n'en avais plus; « et lorsque, après six ans de tourments et de « combats, j'allais tout oublier, c'est vous qui, « fidèle à l'amitié, m'avez rappelée au de- « voir. » (Avec indignation.) Lui!... (Lisant.) « Ce « n'est pas moi, c'est vous-même qui m'avez « sauvée du déshonneur!... » (S'interrompant.) Ah! pense-t-on m'abuser encore? Ces mots seraient écrits de son sang, que je ne les croirais pas!... (Lisant.) « Soyez-en béni devant « Dieu, et souffrez qu'en ma reconnaissance « je vous confie un trésor dont vous seul êtes « digne... à vous, Ernest, qui avez respecté la « femme de votre ami; je vous lègue sa fille; » (avec indignation.) sa fille!... (lisant.) « j'exige « même plus. J'ai cru voir que Raymond, vo- « tre fils, était aimé d'Estelle, qu'il l'aimait « aussi, mais que son peu de bien l'avait em- « pêché d'avouer cet amour... Comme une pa- « reille crainte pourrait aussi vous retenir, je « vous ordonne de les unir un jour... » (Se levant et relisant.) Je vous ordonne de les unir... de les unir... C'est de sa main... elle l'a écrit... *de les unir...* Ah! qu'ai-je lu! J'aurais pu douter encore; mais comment supposer qu'à son heure dernière, que, prête à paraître devant Dieu, elle ait voulu commettre un nouveau crime en fiançant le frère et la...? Non, ce n'est pas possible!... non, cela n'est pas, et Estelle est mon bien... c'est mon sang, c'est ma fille!...

Air de Teniers.

Combien, dans mon erreur cruelle,
Je fus injuste et rigoureux!
Et maintenant, comment sur elle
Oserai-je lever les yeux?
Remords dont mon âme est flétrie,
Regrets que rien ne peut calmer,
Comment retrouver dans ma vie
Tous les jours perdus sans l'aimer?...

(Voyant entrer Estelle.) Ah!

(Il s'assied sur le canapé.)

SCÈNE XVI.

SOLIGNI; ESTELLE, qui s'avance lentement et les yeux baissés.

SOLIGNI, la regardant avec amour, et comme s'il la revoyait après une longue absence.

C'est ma fille... c'est bien elle... la voilà... comme je l'ai laissée... il y a deux ans! (Estelle lève les yeux, l'aperçoit et fait un mouvement de crainte.) Ah! c'est de la crainte que je lui inspire... et elle ne sait pas que maintenant c'est moi qui tremble devant elle! (Haut.) Estelle!

ESTELLE, s'approchant.

Mon père!

SOLIGNI, avec honte et embarras.

Estelle, venez là... je vous en prie... (Elle s'approche lentement, s'assied près de lui, à sa gauche, sur le canapé. Après un moment de silence, Soligni la regardant avec tendresse.) Estelle...

ESTELLE, de même.

Mon père...

SOLIGNI.

Je voudrais bien vous embrasser.

ESTELLE, se jetant dans ses bras.

Ah! mon père!

SOLIGNI, la serrant contre son cœur.

Ma fille!... ma fille bien-aimée!..

ESTELLE.

Ma fille! avez-vous dit... Ah! qu'il y a long-temps que ce mot n'est sorti de votre bouche!...

SOLIGNI.

Oui, tu as raison... il y avait bien long-temps que nous étions séparés, (la regardant.) que je ne t'avais vue...

ESTELLE.

N'est-ce pas?

SOLIGNI.

Pendant deux ans exilée du cœur de son père... elle a été traitée comme une étran-gère... comme une ennemie... chez moi... chez elle... (Il se jette à ses genoux.)

ESTELLE, voyant Soligni à ses genoux.

Ah! que faites-vous!

SOLIGNI.

Ma fille... pardonne-moi!

ESTELLE.

Moi... grand Dieu! moi pardonner à mon père! eh! pourquoi?

SOLIGNI.

Je ne puis te le dire... mais pardonne-moi! dis-moi que tu m'aimes encore...

ESTELLE.

Toujours! toute la vie... C'est moi qui, sans le vouloir, vous ai fâché contre moi... Je le voyais... je m'en doutais et ne pouvais en devi-ner la raison... Je la connais maintenant.

SOLIGNI.

O ciel!

ESTELLE.

C'est cet amour que j'avais pour Raymond...

c'est là ce qui vous offense... Eh bien! mon père... quelque douleur que j'en éprouve...

SOLIGNI.

Quoi! tu sacrifierais?...

ESTELLE.

Tout au monde à votre amour!...

SOLIGNI.

Ah! c'en est trop!... (Il la serre tendrement dans ses bras.) Qui vient là?

SCÈNE XVII.

Les Précédents, RENAUD.

RENAUD *.

Monsieur... c'est ce jeune homme de ce matin, qui était sorti... qui revient encore et demande à vous parler, à vous, en particulier.

ESTELLE.

Je reste... C'est en votre présence, mon père, qu'il apprendra ma résolution... Qu'il vienne... fais-le entrer. (Voyant que Renaud ne lui obéit point.) Eh bien! Renaud?

RENAUD.

Impossible, mademoiselle, parceque monsieur me l'a dit ce matin; votre volonté, à vous, ça ne suffit pas.

SOLIGNI, se levant avec colère et allant à Renaud **.

Ça ne suffit pas!... Apprends que ma fille est ici souveraine et maîtresse, que tout ici lui appartient... et, dis-le bien à tout le monde, j'entends qu'on obéisse à elle d'abord et avant tout... sinon... chassé à l'instant même.

ESTELLE, le modérant et l'embrassant.

Mon père!... (A Renaud, avec douceur.) Dis à monsieur Raymond d'entrer.

RENAUD, avec empressement.

Oui, mademoiselle... sur-le-champ. (Allant à la porte du fond et introduisant Raymond.) Entrez, monsieur, entrez... c'est mademoiselle qui l'ordonne.

SCÈNE XVIII.

ESTELLE, SOLIGNI, RAYMOND.

RAYMOND, à Soligni.

Me voici, monsieur... (A part.) Dieu! sa fille!

SOLIGNI.

C'est juste! (Regardant Estelle.) Je n'y pensais plus...

RAYMOND.

Je viens vous chercher...

ESTELLE.

Eh! pourquoi donc?

SOLIGNI.

Pour nous battre!

* Soligni, Estelle, Renaud.
* Estelle, Soligni, Renaud.

ESTELLE.

Est-il possible! (Passant entre eux deux.) Vous, Raymond... vous que j'aimais, menacer les jours de mon père!...

RAYMOND *.

C'est malgré moi... demandez-lui.

SOLIGNI.

C'est vrai! c'est moi qui l'ai provoqué.

ESTELLE, se jetant dans les bras de son père.

Eh bien! si je suis toujours votre fille bien-aimée; si, comme vous me le disiez tout-à-l'heure, vous m'avez rendu votre amour d'autrefois... autrefois vous ne me refusiez rien...

SOLIGNI.

Eh bien, parle!... que veux-tu?

ESTELLE.

Que vous renonciez à ce combat.

SOLIGNI.

Cela ne dépend pas de moi, mais de Raymond... Je l'ai offensé; il a droit à des réparations... Demande-lui celles qu'il exige.

ESTELLE, à Raymond.

Mon père demande, monsieur, quelles réparations vous exigez.

RAYMOND, hésitant.

Moi?...

ESTELLE.

Sans doute!

RAYMOND.

Eh bien! j'en demande deux...

ESTELLE.

Lesquelles?...

RAYMOND.

D'abord, que monsieur rétracte ce qu'il a dit sur mon père...

ESTELLE, à Soligni.

Y consentez-vous?

SOLIGNI.

Dans ce moment je suis heureux de reconnaitre que j'avais tort, et que M. de Bussières n'a manqué ni à l'honneur, ni à l'amitié. (A Estelle.) Qu'il te dise à présent ce qu'il veut de plus.

ESTELLE, à Raymond.

Mon père demande, monsieur, ce qu'il vous faut encore.

RAYMOND, hésitant, à demi-voix.

Vous!

ESTELLE, baissant les yeux.

Ah! mon Dieu!...

SOLIGNI.

Qu'y a-t-il donc?

ESTELLE.

Des choses impossibles...

SOLIGNI.

Cela ne dépend donc pas de nous?

ESTELLE.

Si vraiment...

SOLIGNI.

Eh bien! ne t'ai-je pas dit que tu étais ici la

* Soligni, Estelle, Raymond.

maitresse... maitresse absolue!...Tu peux donc
sans crainte et en mon nom accorder tout ce
qu'il demande.

ESTELLE.

Mais ce qu'il demande... c'est moi.

SOLIGNI.

Eh bien! à moins que tu ne veuilles pas...

ESTELLE.

Mais si vraiment, je veux bien...

SOLIGNI.

Eh bien! s'il en est ainsi... et ma fille, et tous
mes biens, et tout ce que je possède... (Avec
douleur.) Ah! mon Dieu! je n'y pensais plus...
Malheureux que je suis!... Qu'ai-je fait!...

(Il court vers la porte du fond.)

SCÈNE XIX.

LES Précédents, FUMICHON *.

FUMICHON, l'arrêtant.

Eh bien! qu'y a-t-il encore?

SOLIGNI.

Ma fille que j'ai retrouvée... et que je viens
de ruiner!... car tantôt, comme je te l'ai dit...
cet acte... cette donation...

FUMICHON.

Tu l'as signée?

SOLIGNI.

Eh! mon Dieu oui!

FUMICHON.

La frustrer ainsi de tous tes biens!...

ESTELLE.

Qu'importe, si vous m'aimez toujours?...

FUMICHON, l'arrêtant.

Eh! morbleu! ça ne suffit pas... et, quelle
que soit la personne à qui l'on ait fait une pareille donation, elle ne peut pas accepter...
elle n'acceptera pas...

SCÈNE XX.

LES Précédents, RENAUD **.

RENAUD, à Soligni.

Le courrier arrive à l'instant et apporte la
réponse... Il prétend que le jeune homme est
ravi, enchanté... Un jeune homme de dix-huit
ans qui est gentil au possible... Il a dit à un
de ses camarades : « Fais sonner le boute-selle

* Estelle, Soligni, Fumichon, Raymond.
** Estelle, Soligni, Renaud, Fumichon, Raymond.

« et annonce à tout le monde que je donnerai
« à dîner à tout le régiment demain et les jours
« suivants. » (Prenant dans sa poche une lettre qu'il
lui remet.) Puis il a écrit cette lettre à votre
adresse, en s'écriant : « Dis à mon parrain que
« je le remercie, et que j'irai l'embrasser dès que
« je ne serai plus aux arrêts. »

FUMICHON.

Aux arrêts!... c'est mon fils Hector!

SOLIGNI.

Lui-même... (Bas à Fumichon.) Tu sais bien
que je voulais anéantir ma fortune?...

FUMICHON.

Et tu ne pouvais pas mieux choisir!... mais
il n'est pas possible qu'il ait pu sérieusement...

SOLIGNI, froidement, lui donnant l'acte.

Si vraiment!... il accepte... et l'acte est en
bonne forme... tu le sais.

FUMICHON.

Du tout... Hector Fumichon mon fils est mi-
neur; il ne peut rien accepter sans ma signa-
ture... (Déchirant le papier.) et je refuse la donation.

SOLIGNI.

Que fais-tu?

FUMICHON.

Un acte de justice... (Regardant Estelle.) Et toi
aussi, je le vois!

SOLIGNI.

Non, mon ami, non, ça ne sera pas ainsi,
et je veux que ton fils Hector...

FUMICHON.

Tant que je vivrai il ne manquera de rien...
après moi, c'est différent...

SOLIGNI.

Je veux lui assurer une rente...

FUMICHON.

Incessible et insaisissable...

SOLIGNI.

De six mille francs...

ESTELLE.

Ce n'est pas assez; de dix mille!

FUMICHON.

Comme vous voudrez! Ce sera la même
chose; il la mangera de même!

CHŒUR.

AIR de Gustave.

O destin prospère!
Tu viens dans ce jour,
D'un amant, d'un père,
Me {
Lui { rendre l'amour.

FIN D'ESTELLE.

PARIS. — IMPRIMERIE NORMALE DE JULES DIDOT L'AÎNÉ,
n° 4, boulevart d'Enfer.